ຝຶກສະມາທິງ່າຍກວ່າທີ່ຄິດ

ໂດຍ ແອນນ໌າ ສຸວັນນະລາດ
ຮູບໂດຍ ໂຈອານ ກາລ໌ ເຊກູລາ

Library For All Ltd.

ຝຶກສະມາທິງ່າຍກວ່າທີ່ຄິດ

ພິມຄັ້ງທຳອິດ 2022

ຈັດພິມໂດຍ: ອົງການ Library For All
ອີເມວ: info@libraryforall.org
URL: libraryforall.org

ຮູບແຕ້ມຕົ້ນສະບັບໂດຍ ໂຈອານ ຄາລ໌ ເຊກູລາ

ຝຶກສະມາທິງ່າຍກວ່າທີ່ຄິດ
ແອນນ໌າ ສຸວັນນະລາດ
ISBN: 978-9932-00-432-4
SKU02464

ຝຶກສະມາທິງ່າຍກວ່າທີ່ຄິດ

'ສະບາຍດີ, ບັກຣຽບ! ມື້ນີ້ພວກເຮົາ
ຈະຮຽນກ່ຽວກັບການຝຶກສະມາທິ.'
ສາວດູດາລິກ່າວດ້ວຍຄວາມຕື່ນເຕັ້ນ.

'ແຕ່ການເຮັດສະມາທິແມ່ນຍາກໃດ໌ຄູ.
ພວກເຮົາຕ້ອງນັ່ງລ້າໆເປັນເອລາ
ດົນ.' ນັກຮຽນທຸາຍຄົນຈົ່ມ.

‘ບໍ່ສະເໝີໄປ. ສະມາທິຢູ່ໃນທຸກ
ສິ່ງທີ່ພວກເຮົາເຮັດໃນປັດຈຸບັນ.’
ສາວຄູດາລິອະທິບາຍ.

'ติอย่าๆ...'

'ຮູ້ສຶກຕອບທ່ຕິບຂອງ
ເຈົ້າສຳພັດໄດ້ພຶ້ບ.'

‘ຮູ້ສຶກຕອບທີ່ເສື້ອຜ້າທີ່ນຸ່ງຢູ່
ສຳພັດກັບຮ່າງກາຍຂອງເຈົ້າ.’

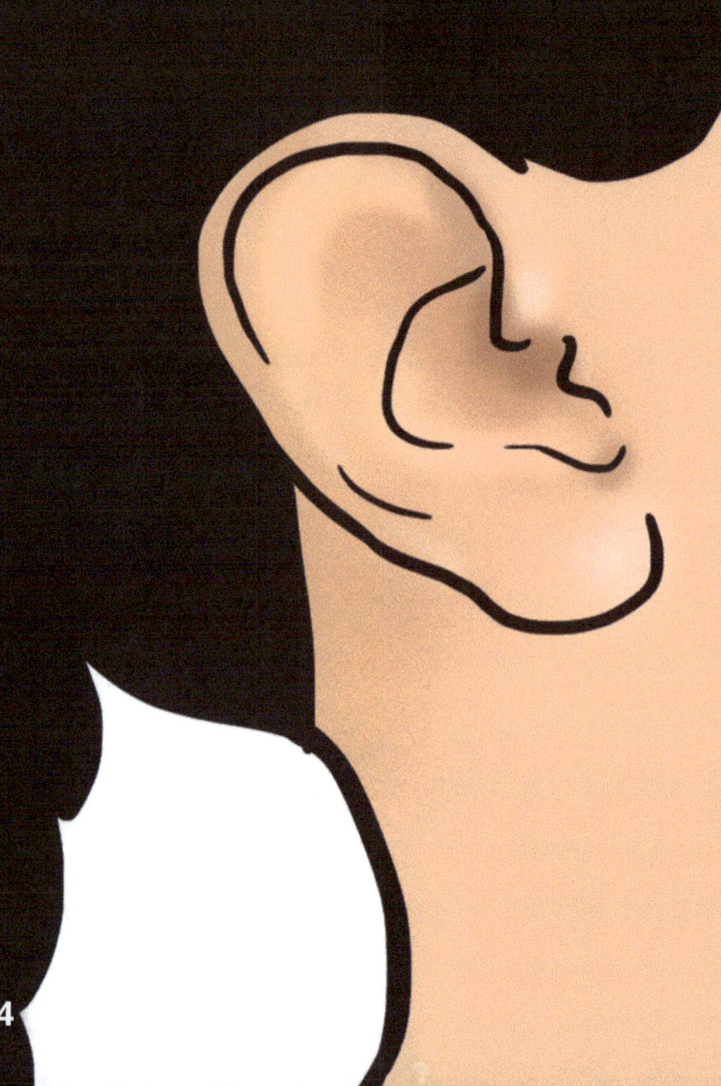

'ສັງເກດແຕ່ລະສຽງອ້ອມຕົວເຈົ້າ.'

‘ສັງເກດສິ່ງທີ່ເຈົ້າເຫັນ
ຢູ່ທາງທນບ້າເຈົ້າ.’

‘ສິ່ງເກດຄວາມຄິດຂອງເຈົ້າຜ່ານໄປຄື
ກັບເມກເທິງທ້ອງຟ້າ.’

'ເມື່ອເຮົາຢຸດ ແລະ ໃຊ້ເວລາຄາວໜຶ່ງ
ສັງເກດເບິ່ງສິ່ງທີ່ເປັນຢູ່ໃນປັດຈຸບັນ,
ບັນແຫຼະຄືສະມາທິ.'

‘ວ້າວ! ສາວຄູດາລິ!
ການຝຶກສະມາທິງ່າຍກວ່າ
ທີ່ພວກເຮົາຄິດແທ້ໆ.’
ນັກຮຽນພາກັນດີໃຈ.

ຂໍ້ມູນທາງບັນນາບຸລິມະຂອງຫໍສະໝຸດແຫ່ງຊາດ

ແອບບ້າ ສຸວັນນະລາດ
ຝຶກສະມາທິງ່າຍກວ່າທີ່ຄິດ / ໂດຍ ແອບບ້າ ສຸວັນນະລາດ.
-- ວຽງຈັນ, 2022
25 ໜ້າ : ພາບປະກອບສີ ; 21 ຊມ
1. ສະມາທິ -- ການຝຶກ
I. ຊື່ເລື່ອງ
294.35 -- dc21
ເລກທະບຽນພິມຈຳໜ່າຍ: 069 / ອພຈ19042022
ISBN 978-9932-00-432-4

ເຈົ້າສາມາດໃຊ້ຄຳຖາມດັ່ງລຸ່ມນີ້ເພື່ອ ສືບທະບາກຽວກັບເລື່ອງທີ່ອ່ານກັບ ຄອບຄົວ, ໝູ່ ແລະ ຄູອາຈານ.

ເຈົ້າໄດ້ຮຽນຮູ້ຫຍັງຈາກເລື່ອງນີ້?

ຈົ່ງອະທິບາຍເລື່ອງນີ້ ໂດຍໃຊ້ຄຳບັບຍາຍ 1ຄຳ. ຕະຫຼົກ? ຢ້ານ? ມີສີສັນ? ໜ້າສົນໃຈ?

ເມື່ອອ່ານຈົບແລ້ວ, ເລື່ອງນີ້ໃຫ້ຄວາມຮູ້ສຶກຫຍັງແດ່?

ໃນເລື່ອງນີ້, ເຈົ້າມັກສິ່ງໃດຫຼາຍທີ່ສຸດ?

ກ່ຽວກັບຜູ້ປະກອບສ່ວນ

ແອນນ໌າ ສຸວັນນະລາດ ອາໄສຢູ່ນະຄອນຫຼວງວຽງຈັນ, ສປປ ລາວ. ເພີ່ນຮຽນຈົບການສຶກສາ ລະດັບປະລິຍາຕີ, ດ້ານວິທະຍາສາດສັງຄົມ ລົງເລິກດ້ານການພັດທະນາ ທີ່ປະເທດອົດສະຕາລີ ແລະ ມີຄວາມສົນ ໃຈກ່ຽວກັບການປົກປ້ອງເດັກ. ນອກຈາກວຽກປະຈຳຂອງເພີ່ນແລ້ວ, ເພີ່ນຍັງເຄື່ອນໄຫວເປັນອາສາສະໝັກ ໂດຍ ເປັນນາຍແປ່ພາສາ ນິທານສຳລັບເດັກ. ເພີ່ນຍັງເປັນສ່ວນໜຶ່ງຂອງທິມວິຊາການຂອງກຸ່ມທີ່ມີຊື່ວ່າ ກຳລັງໃຈ ເຊິ່ງເຄື່ອນໄຫວກ່ຽວກັບສຸຂະພາບຈິດ. ເພີ່ນມີຄວາມມຸ້ງໝັ້ນເຈຕະນາ ໃນການພັດທະນາສິ່ງເສີມສຸຂະພາບຈິດຂອງເດັກ ແລະໄວໜຸ່ມໃນປະເທດລາວ ຜ່ານການປະຕິບັດ ແລະ ຝຶກການມີສະຕິ ແລະ ການຮູ້ສຶກຂອບໃຈສິ່ງເລັກນ້ອຍ ອ້ອມຕົວເຮົາ.

ປຶ້ມທົ່ວນີ້ມ່ອນບໍ່?

ພວກເຮົາມີປຶ້ມຫຼາຍຮ້ອຍຫົວໃຫ້ເລືອກອ່ານ.

ພວກເຮົາຮ່ວມມືກັບນັກຂຽນ, ຜູ່ຊານານດ້ານການສຶກສາ, ທີ່ປຶກສາທາງດ້ານວັດທະນະທຳ, ລັດຖະບານ ແລະ ອົງກອນທີ່ບໍ່ຂຶ້ນກັບລັດຖະບານ ເພື່ອນຳຄວາມເພີດເພີນ ໃນການ ອ່ານໃຫ້ກັບເດັກນ້ອຍທົ່ວທຸກແຫ່ງ.

ຮູ້ບໍ່?

ພວກເຮົາສ້າງການປ່ຽນແປງທີ່ດີໃນຊຶ່ງເຂດນີ້ ໂດຍປະຕິບັດ ເປົ້າໝາຍ ການພັດທະນາແບບຍືນຍົງຂອງສະຫະປະຊາຊາດ.

libraryforall.org

www.ingramcontent.com/pod-product-compliance
Lightning Source LLC
Chambersburg PA
CBHW040207160726
48006CB00014B/1936